Fröhliche Weihnachtszeit

Weihnachten ist auch bei uns in Südtirol ein Fest der ganzen Familie. Die Vorfreude darauf ist – vor allem bei den Kindern – riesengroß. Nicht nur der Geschenke wegen, sondern auch wegen der schönen Traditionen.

Die wichtigsten sind das liebevolle Schmücken des Weihnachtsbaumes und das Aufbauen und Dekorieren der Weihnachtskrippe. Die Krippe brachte der Hl. Franz von Assisi bereits im 13. Jahrhundert von einer Pilgerreise aus Jerusalem mit nach Italien.

Bei uns in Südtirol gibt es am Heiligabend die Geschenke. In anderen Gebieten Italiens ist es aber Tradition, dass „La Befana", eine gute Hexe, erst am 6. Januar die Weihnachtsgeschenke bringt. Sie fliegt auf ihrem Besen von Haus zu Haus durch den Schornstein und füllt die aufgehängten Söckchen der Kinder mit Süßigkeiten.

Ich wünsche Ihnen „Buon Natale"!

Die Motive lassen sich in folgende Schwierigkeitsgrade unterteilen:
● ○ ○ einfach   ● ● ○ etwas schwieriger   ● ● ● anspruchsvoll

IHRE GRUNDAUSSTATTUNG

Diese Materialien und Werkzeuge werden häufig verwendet. Sie sollten sie zur Hand haben, denn sie werden in den Materiallisten nicht gesondert aufgeführt.

- festes Transparentpapier (für Schablonen)
- feine Filzstifte in Rot und Schwarz (für Augen und Mund)
- Lackmalstift in Weiß (für Lichtpunkte)
- Pauspapier
- weicher Bleistift, Bleistiftanspitzer, Radiergummi
- Alleskleber, Klebestift, Heißklebepistole, z. B. UHU
- mittelgroße, spitze Schere, Nagelschere
- Cutter mit geeigneter Schneideunterlage
- Buntstifte in vielen Farben
- Nadel und Faden (Nähseide, Nylonfaden)
- Zirkel oder Prickelnadel
- Schaschlikstäbchen
- Schmirgelpapier, Messer
- Klebepads oder Abstandsband

Hinweise: Mit „Rest" ist immer ein Stück gemeint, das maximal A5 groß ist.

Wenn Kinder bei den Bastelarbeiten mithelfen, lassen Sie sie den Cutter nie allein benutzen. Auch die Heißklebepistole gehört nicht in Kinderhände!

So wird's gemacht

1 Die Vorlage mit Bleistift auf ein festes Transparentpapier übertragen und ausschneiden – fertig ist die Schablone.

2 Diese Schablone auf das Papier in der gewünschten Farbe auflegen, mit einem Bleistift umfahren und ausschneiden. Abgerundete Formen lassen sich leichter mit einer kleinen Nagelschere schneiden, gerade Schnitte gelingen am einfachsten mit einem Cutter. Dabei muss immer eine feste Unterlage verwendet werden und Kinder sollten damit nicht unbeaufsichtigt arbeiten.

Tipp: Gemusterte Papiere kann man ganz einfach selber machen. Vor dem Ausschneiden mit Filzstift oder Buntstift das Muster aufmalen.

3 Mithilfe des Vorlagenbogens die Einzelteile positionieren, zusammenkleben und zusätzlich dekorieren: zeichnen, beschriften, bemalen. Die Gesichtslinien mit Filzstift aufmalen. In die schwarzen Augen und auf die roten Nasenpunkte kann mit weißem Lackmalstift ein Lichtpunkt gesetzt werden.

Tipps und Tricks

▶ Auch die Gesichtslinien werden mit Transparentpapier übertragen. Dafür die Vorlage abpausen, das Papier wenden und auf der Rückseite alle Innenlinien mit einem weichen Bleistift nachziehen. Dann das Papier wieder wenden, passgenau auflegen und die Innenlinien mit einem harten Bleistift nachziehen.

▶ Dünne Papier- oder Drahtspiralen entstehen, indem man den Draht eng um ein Stäbchen oder einen Bleistift wickelt, vorsichtig wieder abstreift und eventuell etwas auseinanderzieht.

▶ Die Wangen können mit Abrieb vom roten Buntstift gefärbt werden. Dazu mit einem Bleistiftspitzer oder Schmirgelpapier etwas Farbe vom Stift schaben und auf dem Gesicht verreiben.

▶ Einen plastischen Effekt erzielt man, wenn Teile mit Klebepads unterlegt werden wie z. B. Ärmel oder Kartonnase.

Winterelfen

→ schweben am Fenster

1 Zuerst das andersfarbige Oberteil auf das Kleid kleben. Hut und Gesicht mit Lackmalstift (Hut) bzw. Filzstiften und Buntstift gestalten. Den Hut auf dem Kopf fixieren und das Papierdrahtstück für den Hals anbringen.

2 Für die Haare Wellpappe mit senkrechtem Rillenverlauf eng um einen Stift herumwickeln, so wird sie gelockt, und nach dem Abstreifen von hinten an das Hut-Kopfteil anbringen.

3 Den Körper mit Lackmalstift bemalen und nach Belieben mit dem Motivlocher ausgestanzte Schneeflocken aufkleben. Dann mit Strasssteinchen laut Abbildung verzieren.

4 Die langen Papierdrahtstücke für Arme und Beine an der Rückseite anbringen. An die Arme die Wachsperlen als Hände kleben. Das Papierstück für die Schuhe laut Vorlage falten, sie ausschneiden und die Beindrähte hineinkleben. Die Transparentpapierflügel von der Rückseite anbringen und Organzaband um den Hals knoten.

MOTIVHÖHE
ca. 30 cm

MATERIAL PRO ELFE
- Fotokarton in Hellblau und Türkis, A4
- Fotokartonrest in Weiß
- Wellpapperest in Weiß
- Papierdrahtkordel in Weiß, ø 2 mm, 4 x 8 cm und 1 x 3 cm lang
- 17-18 Strasssteine in Kristall, ø 5 mm
- 2 Wachsperlen in Weiß, ø 1,2 cm
- Organzaband in Weiß, 1 cm breit, 10 cm lang
- Transparentpapierrest in Weiß mit Schneeflockenmuster
- evtl. Motivlocher: Schneeflocken, ø 2,5 cm

VORLAGEN- BOGEN 2A

MOTIVHÖHE
ca. 31 cm

MATERIAL
- Fotokarton in Rot, A4
- Fotokartonreste in Gelb, Weiß, Hellgrau, Grün und Schwarz
- Prägekartonrest in Beige
- 3 Metallglöckchen in Gold, ø 1 cm
- 3 Pompons in Rot, ø 1 cm
- Karoband in Rot-Grün, 1,5 cm breit, 15 cm lang
- Wattekugel, ø 1,2 cm

VORLAGEN-BOGEN 1A

Weihnachtsmäuschen

→ **Überraschung im Nikolausstiefel**

1 Zuerst den Stiefel ausschneiden und daran die anderen ausgeschnittene Teile fixieren: den Stiefelrand aufsetzen und die zwei Händchen darauf kleben. Die Sterne aufkleben und die „Aufhängeschnur" mit schwarzem Filzstift malen.

2 Den Mäusekopf ausschneiden, bemalen und zwei dünne Papierstreifen als Haare dahinter kleben. Die Nase aufkleben und die Lichtpunkte mit Lackmalstift setzen. Den Kopf hinter den Stiefel kleben und das Band um den Hals knoten. Den Schwanz ankleben.

3 Die Zuckerstangen mit rotem Filzstift bemalen und hinter den Stiefel kleben. Die Mütze zusammensetzen und an einer Zuckerstange fixieren.

4 Drei Blätter ausschneiden und mit grünem Filzstift bemalen. Ebenso hinter den Stiefel kleben und die Pompons aufsetzen.

5 Die Glöckchen mit Nadel und Faden an dem Stiefelrand anbringen. Die Wattekugel an die Mützenspitze kleben.

Tipp: Zur Maus im Nikolausstiefel passt gut die sportliche Maus, die am Fenster Schlittschuh läuft. Den Körper ausschneiden, bemalen und die Schlittschuhe ankleben. Noch den Schal umbinden – schon ist das niedliche Tierchen fertig!

MOTIVHÖHE
Wackelschneemann
ca. 20 cm
Geschenkdose ca. 8 cm

**MATERIAL
WACKELSCHNEE-
MANN**

- Wattekugeln in Weiß,
  je 1 x ø 3,5 cm und
  5 cm, 12 x ø 1,2 cm und
  2 x ø 1,5 cm
- Zylinder in Schwarz,
  ø 4 cm
- Wolle in Weiß, je
  2 x 15 cm und 20 cm lang
- Bast in Hellgrün
- Filzrest in Hellblau
- 2 Holzfüße, 3,2 cm lang
- Acrylfarbe in Hellblau und
  Hellgrün
- Holzperlen in 2 x Hellgrün
  und 1 x Pink, ø 8 mm

GESCHENKDOSE

- Pappmaché- oder Holz-
  schachtel, ø 8 cm
- Wattekugeln in Weiß,
  je 1 x ø 3,5 cm und 1,5 cm
- Holzperle in Pink,
  ø 8 mm
- Zylinder in Schwarz,
  ø 4 cm
- Bast in Hellgrün
- Filzrest in Hellblau
- Acrylfarbe in Hellblau,
  Hellgrün und Weiß

**VORLAGEN-
BOGEN 1 B**

Schneemänner
→ zum Verschenken

Wackel-
schneemann

1 Zuerst die beiden großen Wattekugeln für Kopf und Körper zusammenkleben. Zum Anbringen von Armen und Beinen mit einem Zirkel vier Löcher in den Körper stechen und mit einem Schaschlikstäbchen vergrößern. Die 1,5 cm großen Wattekugeln hellgrün, die Schuhe blau bemalen.

2 In ein Ende jedes Wollfadens einen Knoten machen und die Wattekugeln für die Arme anbringen: Dafür den Knoten mit Klebstoff versehen und mit einem Schaschlikstäbchen in das (bereits vorhandene) Loch der 1,5 cm großen Wattekugel drücken. Dann den Faden in eine große Nadel einfädeln und zwei 1,2 cm große Wattekugeln aufziehen. Das Fadenende anschließend wieder verknoten und in das Loch der Körperkugel kleben. Ebenso mit dem anderen Arm verfahren. Bei den Beinen genauso vorgehen: Das Fadenende mit dem Knoten in die Holzfüße kleben, die Holzperle und dann die kleinen Wattekugeln aufziehen und das obere Fadenende im Körper fixieren.

3 Den Schneemannkopf mit Filzstift bemalen und mit Buntstift die Wangen röten. Bastfäden als Haare aufkleben und den Zylinder darüber fixieren. Als Nase eine mit dem Messer halbierte Holzperle anbringen. Den Schal umbinden.

Geschenkdose

1 Das Schachtelunterteil hellblau, den Deckel grün bemalen. Die Farbe mit Weiß mischen, so entstehen zwei unterschiedliche Grüntöne. Die Farbe gut trocknen lassen, dann mit Lackmalstift die Schneeflocken auf das Unterteil und mit Filzstift die Verzierungen auf den Deckel malen.

2 Den Schneemannkopf wie oben beschrieben gestalten und auf den Deckel kleben. Den Filzschal darum herum legen und verknoten. Die kleine Wattekugel mit dem Messer durchschneiden und als Hände neben dem Kopf anbringen.

Weihnachtsmann

→ zwischen Weihnachtsschmuck

1 Die Einzelteile ausschneiden und bemalen. Dafür die Muster mit Graphitpapier oder Transparentpapier übertragen und dann mit Filzstift gestalten.

2 Beim Weihnachtsmann das hautfarbene Gesichtsstück auf die rote Grundform kleben und den gestreiften Mützenrand darüber setzen. Das Gesicht mit Filzstift und Buntstift gestalten, dann den Schal, die Bartteile und die Nase aufkleben. Den Mund sowie den Lichtpunkt auf der Nase aufmalen. An den Mantelsaum den bemalten Besatz kleben. Im Knopf den Faden vernähen, dann auf den Mantel kleben.

3 Arme und Beine anbringen: Das Glöckchen in die Mitte der Kordel ziehen und die zwei Kordelschnüre verdrehen. Das geht am besten zu zweit: einer dreht nach links, der andere nach rechts. Die Kordelenden verknoten und hinter den Körper kleben.

4 Zum Aufhängen mit einer Nadel einen Faden am Hut des Weihnachtsmanns anbringen, vorher ausbalancieren, um den Mittelpunkt zu finden.

5 Die anderen Motivteile – den bemalten, zusammengeklebten Tannenbaum, das mit Karoband umwickelte Geschenk, die Sterne, das Herz und das „X-Mas"-Schild (aus weißem Karton ausschneiden, beschriften, auf ein Stück größeren Karton kleben und mit einem 2 mm breiten Rand ausschneiden) – laut Abbildung mit Fäden verbinden. Abschließend die einzelnen Stränge der Fensterkette am Fenster befestigen.

Tipp: Die Motive können auch einzeln als Weihnachtsschmuck oder Geschenkanhänger angefertigt werden.

MOTIVHÖHE
ca. 34 cm

MATERIAL
- Fotokarton in Rot, A4
- Fotokartonreste in Weiß, Hellgrün, Gold, Hautfarbe und Pink
- Tonpapierreste in Weiß-Rot gestreift und Weiß-Rot kariert
- 6 Metallglöckchen in Gold, ø 2 cm
- Karoband in Rot-Weiß und Grün-Weiß, 5 mm breit, je 30 cm lang
- Knopf in Grün, ø 1,2 cm
- Satinkordel in Rot, je 2 x 50 cm und 30 cm lang

VORLAGENBOGEN 2A

Lebkuchenmann

→ lädt in die Backstube ein

MOTIVHÖHE
ca. 33 cm

MATERIAL
- Fotokarton in Hellbraun, Weiß und Hellgrün, A4
- Fotokartonreste in Rot und Grün
- 2 Holzperlen in Rot, ø 8 mm
- Papierdrahtkordel in Natur, ø 1 mm, 7 x 6 cm lang
- Plusterstift in Weiß
- Goldliner
- Draht in Weiß, ø 0,35 mm, 5 x 6 cm lang

VORLAGENBOGEN 3A

1 Die Einzelteile ausschneiden und die zusammengesetzten Keksfiguren sowie die Arme des Lebkuchenmannes mit Plusterstift bemalen. Gut trocknen lassen!

2 Den Kopf gestalten: Das Gesicht mit schwarzem Filzstift, rotem Lackmalstift (Filzstift deckt nicht) und Buntstift gestalten. Die Nase aufkleben und mit weißem Lackmalstift Lichtpunkte setzen. Papierdrahtstücke für die Haare ankleben und darüber die Mütze setzen. Den Rand mit Filzstift bemalen und die Blätter und mit einem Messer halbierten Holzperlen als Früchte aufsetzen.

3 Den Schal mit Filzstiftpunkten verzieren und den Schlitz mit einem Cutter einschneiden. Den Hals hineinstecken und auf die Arme kleben.

4 Das Schild aus weißem Fotokarton ausschneiden, beschriften und auf ein etwas größeres grünes Stück Karton mit aufgemaltem Karorand kleben. Mit einem Rand von ca. 2 mm ausschneiden.

5 In das Schild mit einem Zirkel unten Löcher für das Anbringen der Keksfiguren und oben zum Verbinden mit den Armen einstechen und alles mit Draht befestigen. Die Drahtenden zum Locken um ein Schaschlikstäbchen wickeln.

6 Die Vögel ausschneiden, zusammensetzen und die Augen aufmalen. Laut Abbildung auf dem Schild bzw. der Figur fixieren.

7 Das Lebkuchenmännchen-Türschild kann mit gelocktem Draht an mit Tannengrün und Zapfen dekorierte Zimtstangen gehängt werden.

Wichtelmädchen

→ zwischen Weihnachtsbäumchen

MOTIV-HÖHE
ca. 44 cm

MATERIAL
- Fotokarton in Hellgrün und Rot, A4
- Fotokartonreste in Hautfarbe, Weiß, Pink und Gold
- Karoband, 5 mm breit, in Grün-Weiß, 2 x 30 cm lang, und Rot-Weiß, 30 cm lang
- Papierdrahtkordel in Weiß, ø 2 mm, 3 x 5 cm und 2 x 15 cm lang
- Knopf in Grün, ø 1,2 cm
- Satinband in Rot, 3 mm breit, 2 x 10 cm lang
- Paketschnur, 12 x 15 cm lang
- Golddraht, ø 0,35 mm, 2 x 10 cm lang
- Tonpapierrest in Weiß-Grün gestreift

VORLAGENBOGEN 1B

1 Das Gesicht des Mädchens mit Filz- und Buntstift gestalten und die Paketschnur – auf jeder Seite sechs Fäden – im oberen Bereich flach auf den Kopf kleben. An beiden Seiten Zöpfchen flechten und die Enden mit Satinband abbinden.

2 Den Hut mit Lackmalstift bemalen und an der Markierung einschneiden. Das Köpfchen einschieben und auf der Rückseite festkleben. Eine 5 cm lange Papierdrahtkordel als Hals an den Kopf kleben.

3 Den Rocksaum auf das Kleidchen kleben und ihn mit Filzstiften bemalen. Die langen Papierdrahtkordelstücke auf der Rückseite fixieren und die Hände ankleben. Sie halten ein Papierherz. Unten kurze Papierkordelstücke als Beine anbringen.

4 Die Schuhe zusammenkleben, die Schnürsenkelkreuze mit Filzstift aufzeichnen und mit einer Prickelnadel oder einem Zirkel Löcher für die Papierdrahtbeine stechen. Diese einstecken und den Draht auf der Rückseite festkleben.

5 Den Knopf auf das Kleidchen kleben und das Karoband um den Hals binden.

6 Die Tannenbäume werden gleich gearbeitet, nur anders dekoriert: Zuerst alle Teil ausschneiden, für den Stamm das gestreifte Papier, für Töpfchen und Stern das Goldpapier verwenden. Das Tannengrün bei einem Bäumchen mit einem Blätter- und Spiralmuster bemalen, beim anderen mit Lackmalstift gestaltete rosa Rosen aufkleben und um diese herum mit Filzstift Spiralen und Blätter setzen.

7 Den Stamm hinter den Blumentopf kleben und den unteren Teil der Tanne aufsetzen. Darauf die anderen Tannenteile fixieren. Das Papier vor dem Aufkleben am unteren Rand leicht nach oben ziehen, so sieht das Bäumchen plastischer aus.

8 Die Drahtstücke um ein Schaschlikstäbchen herum locken und mit ihnen die Sterne auf die Tannenbäume setzen. Die Karobänder um die Blumentöpfe binden und mit Schleifen schließen.

Weihnachtspost

→ hält viele Weihnachtsgrüße

1 Das Kuvert ausschneiden und an den gestrichelten Linien falten. Die Faltkanten vorher mithilfe von Lineal und Messer leicht anritzen. Dann zusammenkleben und an den Rändern mit weißem Lackmalstift verzieren.

2 Das "Ho! Ho! Ho!" auf den Briefumschlag übertragen und mit Lackmalstift gestalten. In jedes „O" ein Herzchen malen.

3 Nun den Weihnachtsmannkopf anfertigen: Das hautfarbene Gesicht auf das Bartteil kleben und mit Filz- und Buntstift gestalten. Den Schnurrbart sowie die mit Buntstift schattierte Nase mit Abstandshalter darauf setzen; die gepunktete Mütze mit ausgeschnittener Bommel dahinter. Den Mund mit Buntstift aufmalen und die Lichtpunkte in den Augen und auf der Nase mit weißem Lackmalstift setzen.

4 Die Handschuhe auf die Öffnung des Briefumschlages kleben und den Weihnachtsmannkopf darüber setzen.

5 Zum Aufhängen das lange Stück Satinkordel an der Spitze des Umschlages anbringen und den mit goldenem Lackmalstift gestalteten Stern darüber kleben. Die Stiefel zusammensetzen und mit Satinband unten an den Briefumschlag kleben.

MOTIVHÖHE
ca. 40 cm

MATERIAL
- Fotokarton in Gold, 46 cm x 42 cm
- Fotokartonreste in Weiß, Grün und Rot
- Satinkordel in Rot, ø 2 mm, 1 x 30 cm und 3 x 10 cm lang
- Lackmalstift in Gold, Grün und Rot
- Tonpapierreste in Rot-Weiß gestreift und Rot-Weiß gepunktet

VORLAGENBOGEN 2B

Weihnachts-Gänse

→ schmücken die Festtagstafel

MOTIVHÖHE
ca. 12 cm

MATERIAL PRO GANS
- Fotokartonreste in Weiß, Gold und Rot
- Wattekugel in Weiß, ø 1,2 cm
- Motivlocher: Stern, ø 2 cm
- Satinband in Rot, 3 mm breit, 10 cm lang

VORLAGEN-BOGEN 2A

1 Die zwei Körperteile ausschneiden und den Schnabel zwischen beide kleben. Das Tier nur im oberen Bereich zusammenkleben und den laut Vorlage geknickten Papierstreifen zum Spreizen dazwischen kleben. Die Augen mit Filzstift aufmalen und die Wangen mit Buntstift röten.

2 Die Mütze auf den Kopf kleben und die mit Lackmalstift bemalte Hutkrempe aufkleben. Die Wattekugel an der Hutspitze fixieren (Hutspitze ins Loch der Wattekugel kleben).

3 Nun die Flügel gestalten: Den goldfarbenen, mit Lackmalstift bemalten Papierstreifen aufkleben und einen Namen aufschreiben (für Tischkarten oder Geschenkanhänger) oder einen ausgestanzten Stern aufkleben. Die Flügel mit Abstandshaltern anbringen. Das Satinband um den Hals binden.

Tipp: Mit der Weihnachtsgans kann auch eine Geldgeschenkkarte gestaltet werden: Dafür das einfach gearbeitete Tier auf eine mit Filzstift bemalte grüne Klappkarte kleben; in der Mitte aber nicht festkleben, hier werden das Geld und Tannengrün als Zierde eingesteckt.

Goldlöckchen

→ Engelsgrüße

MOTIVHÖHE
Karte ca. 23 cm
Geldgeschenk
ca. 10 cm

MATERIAL PRO ENGEL
- geprägtes Goldpapier, A4
- Fotokartonrest in Weiß
- Papierdrahtkordel in Weiß, ø 2 mm, 2 x 8 cm, 1 x 4 cm und 1 x 10 cm lang
- Transparentpapierrest in Weiß mit Sternen

ZUSÄTZLICH KARTE
- Fotokarton in Hellblau, A4 (nur Karte)
- Metalldraht in Gold, 35 cm lang

VORLAGENBOGEN 2B

Grußkarte

1 Die Einzelteile zuschneiden und den Engel fast vollständig zusammensetzen, erst dann auf die Karte kleben.

2 Den Kopf mit Bunt- und Filzstift bemalen und mit schwarzem Filzstift die Löckchen auf die Haare malen. Das Köpfchen auf das Haarteil kleben. Das 4 cm lange Halsstück ankleben.

3 Den Körper mit etwas Abstand an das Halsstück kleben und das 10 cm lange Papierdrahtstück als Arme ankleben. Das Flügelteil auf der Rückseite befestigen, den Kragen von vorne ankleben. Den Knopf mit weißem Lackmalstift aufmalen.

4 Die zwei 8 cm langen Papierdrahtstücke als Beine auf der Rückseite des Körpers anbringen. Den Engel auf die Karte kleben und die Füße über die Beinenden kleben. Den Metalldraht in der Mitte um einen Lackmalstift o. Ä. legen und die Drahtenden miteinander verdrehen. Den Stift herausziehen und mit der entstandenen Schlaufe hinter den Stern kleben. Das andere Ende auf dem Körper befestigen und die Hand darüber setzen.

Tipp: Wollen Sie die Karte verschicken, verwenden Sie einfach einen kürzeren Metalldraht!

Geldgeschenk

1 Den Kopf wie links beschrieben (Schritt 2) gestalten, der Körper wird plastisch angefertigt.

2 Den goldfarbenen Karton – an einer Seite mit der Zackenrandschere – zuschneiden, die Löcher zum Einstecken der Arme einstechen, mit einem Schaschlikstäbchen weiten und die Papierform zu einem Trichter zusammenkleben. Den Hals einstecken und – ebenso wie anschließend die Beine – auf der Innenseite ankleben. Das Armstück durch die Löcher schieben und über den Drahtenden vorne die Hand aufkleben.

3 Kragen, Flügel und Füße anbringen. Den Geldschein rollen, mit einem Schleifenband zusammenbinden und dem Engel in die Arme geben.

Adventskalender
→ bunt und fröhlich

MOTIVHÖHE
ca. 16 cm (Häuser)

MATERIAL
- Fotokarton in Rosa, Dunkelgelb, Rot, Orange, Hellblau, Hellgrün, Violett, Lila, Türkis und Mittelblau, A4
- Fotokartonreste in Dunkelblau, Pink, Weiß und Gelb
- Holz-Wäscheklammer, 2 cm breit, 7 cm lang
- Holzplatine, ø 3 cm
- 2 Rohholzperlen, ø 1 cm
- Knopf in Orange oder Hellblau, ø 1,2 cm
- Papierdrahtkordel in Pink oder Hellgrün, 1 x 3 cm und 2 x 6 cm lang
- Kordelrest in Natur, ø 3 mm
- Geschenkpapier und Geschenkband in bunten Farben

VORLAGEN-BOGEN 3A

1 Die Schachtelform zuschneiden und an den Faltkanten mithilfe von Lineal und Cutter leicht einritzen. Dann falten und zusammenkleben. Entweder 23 Schachtelhäuser aus jeweils zwei unterschiedlichen bunten Schachteln anfertigen (für den 24. Dezember ist der Wichtel gedacht) oder wie auf dem Foto noch separat eingewickelte Geschenke dazu legen.

2 Immer zwei Schachteln zusammenkleben und die Dächer aufkleben. Für das Haus ganz links die gesamte obere Front überkleben, das Dach vom Haus rechts im Bild aus zwei Teilen zusammensetzen. Die Häuser noch nach Belieben bemalen bzw. (bemalte) Verzierungen aufkleben. Für die gerahmten Fenster und Türen zuerst das kleinere Papierstück beschriften, z. B. das gelbe Stück mit einer „15", und dann auf ein etwas größeres Papierstück (hier blau) kleben und mit einem Rand von ca. 2 mm ausschneiden.

3 Für den Wäscheklammer-Wichtel die Holzplatine als Kopf verwenden und mit Filzstiften bemalen. Etwas naturfarbenen Kordelrest als Haare ankleben – beim Mädchen zu Zöpfen flechten – und die Zipfelmütze darüber setzen. Das kurze Papierdrahtstück als Hals ankleben.

4 Den Kopf sowie die an einem Ende mit Holzperlen versehenen Armstücke in die Wäscheklammer kleben.

5 Die Wäscheklammer mit dem bemalten Papierstück bekleben und mit dem Kragen und einem Knopf dekorieren. Der Wichtel hält einen kleinen Weihnachtsbrief für den 24. Dezember.

Winter-Scrapbooking
→ hübsches Erinnerungsbild

1 Zuerst den mittelblauen Karton zuschneiden und mit Lackmalstift die Schneeflöckchen aufmalen. Dann den Karton auf ein größeres, weißes Stück kleben und mit einem 2 mm breiten Rand ausschneiden. Nun diese Fläche auf den Motivkarton kleben und mit einem 1 cm breiten Rand ausschneiden.

2 Die Schneefläche am unteren Bildrand aufkleben. Den Schneemann aus den Einzelteilen zusammensetzen, Hut und Schal vor dem Fixieren mit Buntstiften mit dem Karomuster bemalen und auf den Hut das mit Lackmalstift verzierte Hutband kleben. Das Gesicht des Schneemanns ist mit Filzstiften und Buntstift gestaltet, der Lichtpunkt auf der Nase mit einem Lackmalstift gesetzt. Den Knopf aufkleben, den Besen unter dem Arm fixieren.

3 Die Fotos auf dunkelblaue, größere Kartonstücke kleben und mit einem 2 mm breiten Rand ausschneiden. Dann auf dem Untergrund platzieren.

4 Den Schneemann aufkleben und den Schneehaufen mit Abstandshaltern davor setzen. Einzelne Plastik-Schneeflocken dazu dekorieren.

5 Für die Aufhängung Löcher einstechen. Perlen auf den Draht aufziehen und den Draht dazwischen um ein Schaschlikstäbchen herum locken. Das Vögelchen – Flügel und Schnabel sind aufgemalt, Mütze, bemalter Mützenrand und Schal aufgeklebt – an einem separaten Drahtstück dazuhängen. Die Wattekugel als Bommel fixieren.

Tipp: Mehrere Vögel können zusammen mit Blümchen mit Strasssteinmitten als Fensterkette zusammen arrangiert werden.

MOTIV-HÖHE
ca. 35 cm

MATERIAL
- Fotokarton in Weiß und Mittelblau, 50 cm x 70 cm
- Motivkarton in Blau mit Schneeflocken, 33 cm x 33 cm
- Fotokartonreste in Dunkelblau und Hellblau
- 4 Plastik-Schneeflocken in Weiß, ø 2,5 cm
- Draht in Weiß, ø 0,35 mm, ca. 80 cm lang
- Deko-Besen, 9,5 cm lang
- 5 Perlen in Hellblau, ø 8 mm
- Wattekugel, ø 1,2 cm (Vogel)
- Knopf in Beige, ø 1,4 cm

VORLAGENBOGEN 3B

Happy Holidays

→ Santa Claus is coming to town

MOTIVHÖHE
ca. 37 cm

MATERIAL
- Fotokarton in Weiß und Hellgrün, A4
- Fotokartonreste in Weiß, Hellblau, Schwarz, Mittelblau, Rosa, Violett, Rot, Gelb, Hellbraun und Hautfarbe
- 2 Knöpfe in Schwarz, ø 1,2 cm
- Satinband in Hellgrün, Orange und Violett, 3 mm breit, 20 cm lang
- 2 Holzperlen in Rot, ø 8 mm

VORLAGEN-BOGEN 3B + 4A

1 Die Einzelteile ausschneiden und beim Positionieren den Vorlagenbogen zu Hilfe nehmen!

2 Die Hose mit Lackmalstift mit einem gestrichelten Rand versehen und mit Filzstift die Konturen nachzeichnen. Die Hosenträger ankleben und die Knöpfe darübersetzen. An die Hosenbeine die Stiefel kleben, die Innenlinien mit Lackmalstift nachzeichnen.

3 Das Hemd mit Filzstiftpunkten bemalen und an einem Arm etwas einschneiden. Hinter die Hose kleben, auch die Hosenträger darauf fixieren.

4 Den Kopf mit Filzstift und Buntstift gestalten und den Bart, darüber mit Abstandshaltern den Schnurrbart kleben. Auf dem Hemd fixieren, dabei den Bart hinter dem Arm anbringen und etwas in den eingeschnittenen Schlitz schieben.

5 Die Hand ankleben und daran den zusammengesetzten Stift fixieren. Darüber wird am Fenster das Schild platziert. Für dieses den weißen Karton mit Filzstiften beschriften und auf ein etwas größeres Stück grünen Karton kleben. Mit einem Rand von etwa 2 mm ausschneiden.

6 Den Schlitten mit dem hellblauen Besatz bekleben und Ilex und Rentierhände aufkleben. Den Rentierkopf gestalten: Das Gesicht mit schwarzem Filzstift, rotem Lackmalstift und Buntstift aufmalen und das Geweih an der Rückseite anbringen. Den Lichtpunkt auf der Nase mit einem weißen Lackmalstift setzen. Den Kopf von hinten an den Schlitten kleben, so dass er zwischen den Händen sitzt.

7 Die Geschenkpakete mit Schleifenband umwickeln und hinter dem Schlitten bzw. zu Füßen des Weihnachtsmannes am Fenster befestigen. Die Holzperlen mit einem Messer halbieren und als Ilexbeeren aufsetzen.

Glücksbringer
→ für die Silvesterparty

MOTIVHÖHE
Schwein ca. 13 cm
Pilz ca. 9 cm

**MATERIAL
PRO SCHWEIN**
- Fotokartonreste in Rosa und Hellrosa
- Schleifenband in Grün, 8 mm breit, 10 cm lang
- Schaschlikstäbchen

PILZ
- Fotokartonreste in Weiß, Grün und Rot
- Schaschlikstäbchen
- Silberliner

**VORLAGEN-
BOGEN 4A**

Schwein

1 Den Kopf mit Bunt- und Filzstiften bemalen und die bemalte Schnauze mit einem Abstandshalter aufsetzen.

2 Die Füße mit einem dicken schwarzen Filzstift anmalen, den Bauchnabel mit Filzstift aufsetzen.

3 Das Band in der Mitte schräg falten und auf den Körper kleben, darüber den Kopf setzen. Den Papierstreifen für den Ringelschwanz zum Locken um ein Schaschlikstäbchen wickeln und dann von hinten am Schweinekörper festkleben.

4 Ein Schaschlikstäbchen an der Rückseite anbringen.

Pilz

1 Die Fliegenpilz-Punkte auf dem roten Hut mit Lackmalstift aufmalen und den Hut auf den weißen Pilzstamm kleben.

2 Das Gesicht mit Buntstift und Filzstift aufmalen. Die Schuhe mit einem dicken schwarzen Filzstift ausmalen.

3 Für das Schild das weiße Kartonoval mit Silberliner beschriften und auf ein etwas größeres, grünes Kartonstück kleben. Mit einem etwa 2 mm breiten Rand ausschneiden. Pilz und Schild an einem Schaschlikstäbchen befestigen.

Tipp: Mit dem Schweinchen kann auch eine Einladungskarte zur Silvesterparty verziert werden. Dafür ein quadratisches Stück Papier laut Abbildung und Vorlage falten und das Schweinchen auf einem Stück Silberkarton darin fixieren. Zum Verschließen der Karte einen Plastik-Marienkäfer auf einem selbst ausgeschnittenen Kleeblatt anbringen.

Übrigens: Schweinchen- und Pilzstecker sind eine nette Verzierung für ein Silvester-Glücksklee-Mitbringsel.

Heilige drei Könige

→ aus dem Morgenland

MOTIVHÖHE
ca. 32 cm

MATERIAL
- Fotokarton in Weiß, A3
- Fotokartonreste in Hautfarbe, Gelb, Braun, Pink, Violett, Mittelblau, Gold, Hellgrün und Türkis
- gemusterte Transparentpapierreste in Weiß-Gold, Blau-Türkis und Pink-Orange
- Schaschlikstäbchen
- Plastik-Stern in Rot, ø 2 cm
- Lackmalstift in Gold
- 3 Strasssteine in Hellblau, ø 6 mm
- 3 Goldperlen, ø 6 mm

VORLAGEN-BOGEN 4B

1 Als erstes die Kleider der Könige aus weißem Fotokarton zuschneiden und mit dem jeweiligen Transparentpapier bekleben.

2 Beim König im orangefarbenen Kleid den spitzen Kragen und den kleinen Kragenabschluss aus Fotokarton aufsetzen, die Hand von hinten an den Arm kleben und die Innenlinie mit Filzstift aufzeichnen. Dann den Plastikstern auf dem Kragen fixieren.

3 Beim mittleren König das goldfarbene Oberteil aufsetzen und den weißen Kragen darüber kleben. Die Innenlinien mit Filzstift aufzeichnen und an einer Seite den Arm mit einem Cutter einschneiden. Das bemalte und mit Strasssteinen verzierte Geschenk einstecken und festkleben und die mit Buntstiftabrieb schattierte Hand darüber setzen.

4 Beim König im blauen Gewand die Hand lochen und hinter den linken Ärmel der Figur kleben. Den Ärmel etwas einschneiden, dann das grüne Kartonteil von hinten an der Figur fixieren. Den blauen Kragen von vorne aufkleben.

5 Die Köpfe gestalten: Die Gesichter mit Bunt- und Filzstift aufmalen. Ein König erhält seine Haare und darüber die mit Buntstift schattierte und mit Goldstift bemalte Krone. Dem mittleren König den zweiteiligen Turban – das weiße Stück ist mit Goldmalstift bemalt – aufkleben. Die Innenlinie mit Filzstift malen. Dem dritten König eine mit weißem Lackmalstift, schwarzem Filzstift und blauem Buntstiftabrieb bemalte Mütze aufsetzen.

6 Die Könige laut Abbildung zusammenkleben. Auf die Krone die Goldperlen setzen und dem König in Blau den Stern in die Hand geben. Diesen mit Buntstiftabrieb schattieren, zusammensetzen und an ein Schaschlikstäbchen kleben.

MOTIV-HÖHE
ca. 30 cm

MATERIAL
- Fotokartonreste in Schwarz, Weiß, Rot, Pink, Rot-Weiß kariert und Orange
- Wattekugel in Weiß, ø 1,2 cm
- 2 Holzfüße, 3,2 cm lang
- je 2 Holzperlen in Orange und Pink, ø 1 cm
- Satinkrodel in Orange, ø 2 mm, 2 x 15 cm lang
- Satinband in Rot, 3 mm breit, 15 cm lang

VORLAGENBOGEN 1A

Pinguin
→ niedlicher Winterbote

Abbildung auch auf Seite 1.

1 Die zwei Körperteile im oberen Bereich zusammenkleben, dabei die Flügel mit einkleben. Dann das weiße Gesicht-Bauchteil auf die Vorderseite kleben.

2 Das Gesicht gestalten und die schwarzen Punkte auf den Bauch malen. Den Mützenrand an die Mütze kleben und sie auf dem Kopf fixieren. Die Wattekugel als Bommel aufkleben und das Satinband um den Hals binden.

3 Jeweils ein Ende der Satinkordel in die mit dickem Filzstift schwarz bemalten Holzfüße kleben und die Perlen aufziehen. In den Körper zwei Löcher stechen, mit einem Schaschlikstäbchen etwas weiten und die Satinkordelenden hindurchziehen. Auf der Innenseite festkleben.

4 Das Herz mit Filzstift bemalen, an den Seiten Löcher einstechen und gelockten Draht anbringen. Die Pinguinflügel ebenso lochen und die Drahtenden hindurchstecken und verdrehen.

Tipp: Der Pinguin ist auch eine nette Tischkarte, dann einfach den Namen auf das Herz schreiben.

DIESES BUCH ENTHÄLT 4 VORLAGENBOGEN

FOTOS: frechverlag GmbH, 70499 Stuttgart; Daniela Kofler, Bruneck (Seite 18/19), Fotostudio Ullrich & Co., Renningen (alle anderen Bilder)
DRUCK: frechdruck GmbH, 70499 Stuttgart

Materialangaben und Arbeitshinweise in diesem Buch wurden von der Autorin und den Mitarbeitern des Verlags sorgfältig geprüft. Eine Garantie wird jedoch nicht übernommen. Autorin und Verlag können für eventuell auftretende Fehler oder Schäden nicht haftbar gemacht werden. Das Werk und die darin gezeigten Modelle sind urheberrechtlich geschützt. Die Vervielfältigung und Verbreitung ist, außer für private, nicht kommerzielle Zwecke, untersagt und wird zivil- und strafrechtlich verfolgt. Dies gilt insbesondere für eine Verbreitung des Werkes durch Fotokopien, Film, Funk und Fernsehen, elektronische Medien und Internet sowie für eine gewerbliche Nutzung der gezeigten Modelle. Bei Verwendung im Unterricht und in Kursen ist auf dieses Buch hinzuweisen.

Auflage:	5.	4.	3.	2.			
Jahr:	2010	2009	2008	2007	2006	[Letzte Zahlen maßgebend]	

ISBN 10:   3-7724-3521-1
ISBN 13:   978-3-7724-3521-8

© 2006 **frechverlag** GmbH, 70499 Stuttgart

Best.-Nr. 3521